Capitaine M. DUBOIS

INFANTERIE COLONIALE

La Baïonnette

A la Française !

TECHNIQUE ÉLÉMENTAIRE

PARIS

Henri CHARLES-LAVAUZELLE

Éditeur militaire

124, Boulevard Saint-Germain, 124

Même Maison à Limoges

1916

La Baïonnette

A la Française !

ESCRIME A LA BAÏONNETTE

Données mécaniques élémentaires de la « garde ».

1° L'effort propulseur du coup étant supposé constant de même que la résistance du milieu à pénétrer, le degré de pénétration d'une pointe donnée peut varier d'un certain maximum à un minimum qui est zéro.

L'axe de l'arme se confondant avec la ligne parcourue par la pointe donne pénétration maximum.

L'axe de l'arme perpendiculaire à la ligne parcourue par la pointe donne pénétration zéro.

Tous les degrés intermédiaires existent.

2° La baïonnette étant fort lourde, son *inertie* est *toujours* un sérieux obstacle à vaincre. La force mise en œuvre en vue de la propulsion et le poids de l'arme étant supposés constants, l' « inertie » sera d'autant plus difficilement vaincue qu'il y aura davantage déperdition de force.

Pour le bras droit, le placement de l'arme *dans le prolongement du bras* réduit à zéro la déperdition d'effort (angle d'incidence nul dans le plan vertical comme dans le plan horizontal).

Pour le bras gauche, la déperdition maximum est représentée par le bras perpendiculaire à l'axe de l'arme (dans le plan horizontal). Plus la main gauche sera portée en avant en pivotant autour du coude, plus réduite sera la déperdition de force (amoindrissement de l'angle d'incidence).

Conclusion. — Tenir solidement l'arme par la main gauche au centre de gravité (entre hausse et boîte de culasse), par la main droite à la poignée et avoir pointe en ligne, *fortement avancée.*

Cette position est *offensive au maximum* par le fait de la vitesse et de la puissance de propulsion *instantanément* développées au degré maximum.

Elle est aussi *défensive au maximum* par le fait de la pointe avancée et en ligne formant « barrage » et de la difficulté, considérable pour l'adversaire, à annihiler ce « barrage ».

En Garde ! ! !

a) Prendre cette position avec rapidité et précision extrêmes.

b) Porter le coup **à fond** *sans aucun retrait préalable du bras arrière.*

c) Après tout coup porté, revenir à cette position d'un geste qui limite à ce degré le retrait des bras. *Tout dépassement vers arrière est à éviter avec soin.*

I. — Principes généraux.

Il a été écrit et prononcé de belles tirades sur la baïonnette, il a été médit d'elle beaucoup, en général sans bases plus sérieuses d'un côté que de l'autre, car dans les dithyrambes c'est la baïonnette « arme bien française » qui est surtout célébrée, tandis que les haros vont à la baïonnette « arme inutile ».

Or, la valeur du combattant à la baïonnette est fonction de son *entraînement* et non pas de la latitude et de la longitude du lieu où il a vu le jour.

Or, la baïonnette n'est « arme inutile » que si elle est mise entre les mains de gens ne sachant pas s'en servir.

La baïonnette est l'arme du corps à corps, c'est-à-dire de *l'instant décisif*. Toute son importance vient de là. Et en enseignant son emploi, nous devons à tout instant avoir cette pensée présente à l'esprit.

La réglementation de l'escrime à la baïonnette établie par le décret du 20 avril 1914 représente une série de déductions logiques issue de principes initiaux pris pour base. Cela, nous le poserons hardiment *a priori*, car, s'il n'en était point ainsi, l'ensemble ne serait que poussière de prescriptions incohérentes.

Dans l'enseignement de l'escrime, dans l'entraînement du combattant, ces principes initiaux doivent inspirer tous nos actes. Ici comme partout, rien de valable ne peut sortir d'un point de départ faux. Et une action conforme à la raison étant supposée de règle, nous dirons que, le point de départ étant bon, tout sera bon, mais que, le point de départ étant mauvais, tout sera mauvais.

Le « point de départ » que nous allons envisager sera le « point de départ du coup de baïonnette ». Et là surtout : point de départ bon, tout bon ; mauvais, tout mauvais.

Notre baïonnette est une arme agissant exclusivement par la pénétration de sa pointe, comme l'épée, la lance, le dard, la flèche. Donc, le facteur « pénétration » est à envisager en premier lieu. Et, dans cet ordre d'idées, si nous supposons strictement constantes la force mise en œuvre, la forme de la pointe, la résistance opposée à la pénétration, il n'est personne qui n'admette d'emblée que, suivant le plus ou moins d'*adresse* de celui qui porte le coup, la pénétration de l'arme sera plus ou moins considérable.

Or, cette « adresse » est une simple question de mécanique élémentaire. Entre les tâtonnements qui nous conduiront accidentellement à son acquisition et la *connaissance préalable des causes* qui nous permet de nous y acheminer avec certitude, nous ne devons pas hésiter. Recherchons donc les « causes ».

Toutefois, avant d'aller plus loin, il est utile d'établir quelles sont les caractéristiques de notre baïonnette. Les armes de « pointe », dont elle fait partie, sont de deux catégories bien distinctes, les unes, dard, sagaie, flèche, sont des « pointes à lancer »; les autres, lance, épée, baïonnette, gardées en mains par le combattant, sont des « pointes à porter ». Dans les « pointes à lancer », nous trouvons le centre de gravité très fortement vers l'avant, la pointe lourde, l'arrière léger, l'empennage de la flèche vise à porter le centre de gravité plus avant encore. Dans les « pointes à porter », nous trouvons l'inverse : pointe légère, arrière lourd, arme d'autant mieux « en mains » que le centre de gravité est plus vers l'arrière.

Notre baïonnette, qui a son centre de gravité sous la hausse, à la limite du premier tiers de la longueur de l'arme, est une épée à deux mains « bien en mains ».

Mais « pointe à lancer » ou « pointe à porter », et toutes conditions de force employée, de forme de pointe, de résistance à la pénétration étant toujours supposées égales, le degré de pénétration peut néanmoins — nous venons de l'admettre — varier d'un maximum à un minimum.

La « pénétration » maximum est obtenue quand, dans la projection de l'arme, tous les points de son axe passent successivement au point où a passé la pointe (Fig. 1, A B, ligne parcourue par la pointe).

La pénétration minimum, le *zéro*, est réalisée quand dans cette même projection, l'axe de l'arme est perpendiculaire à la ligne parcourue par la pointe, soit dans le plan vertical, soit dans le plan horizontal (Fig. 2, A B ligne parcourue par la pointe).

Tous les degrés intermédiaires peuvent être réalisés. Chacun d'eux a sa valeur propre correspondant à celle de l'angle.

Dans le cas de « pointe à lancer » parcourant trajectoire courbe, la condition sus-énoncée reste

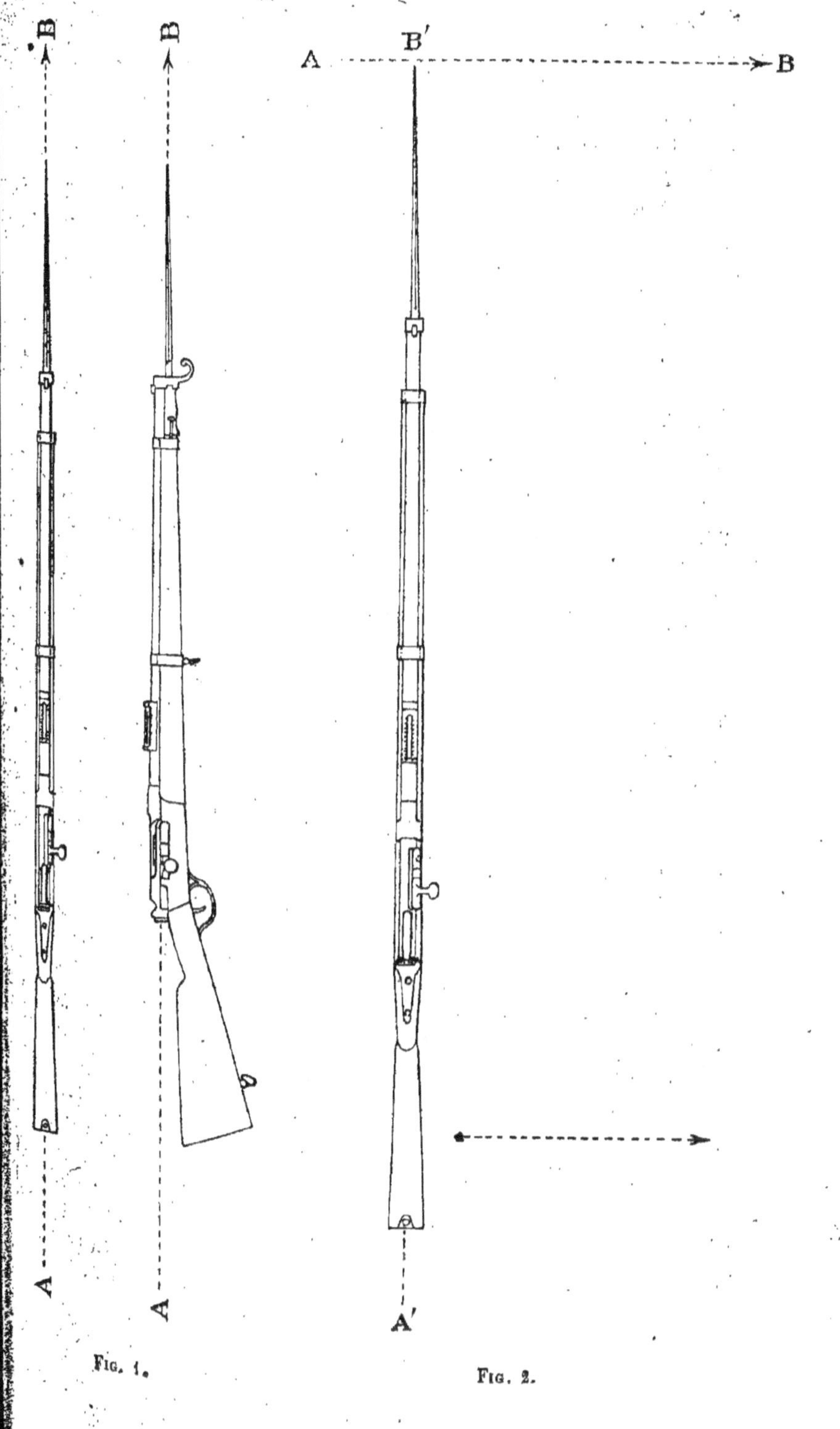

Fig. 1.

Fig. 2.

rigueur, la courbe étant formée d'éléments en ligne droite.

Pointe « lancée », flèche, dard ou « portée », épée, baïonnette, voilà donc une condition initiale à remplir : *axe de l'arme passant exactement par le point où a passé la pointe.*

Cela ne se produit *presque jamais* quand le hasard seul y préside. Cela se produit *chaque fois, à coup sûr,* quand des dispositions logiques sont prises à cette fin. En terme d'escrime à l'épée, prendre ces dispositions logiques se dit : « *avoir sa pointe en ligne* ».

D'autre part, si nous supposons deux adversaires égaux en tous points, se valant en tous points, mais l'un armé du fusil à baïonnette modèle 86, tandis que l'autre l'est du mousqueton d'artillerie à baïonnette modèle 92, quel sera le vainqueur, sinon celui qui, armé du fusil modèle 86, a pour lui la longueur plus grande de l'arme ?

Le combattant muni d'une arme plus longue est avantagé simplement parce que, sa pointe étant portée *plus en avant,* il menace de plus près son adversaire qu'il n'en est menacé lui-même, parce que, toutes autres données étant supposées égales, c'est sa pointe qui a *le moindre trajet* à parcourir pour « toucher ».

Et « moins de trajet » est non seulement avantageux parce que parcouru en moins de temps, mais encore parce que les risques de parade sont diminués dans une énorme proportion. Parer lorsque la pointe de l'adversaire n'a que 10 à 15 centimètres à parcourir, est le fait d'un virtuose. Se laisser toucher lorsque la pointe de l'adversaire a quelque 60 ou 80 centimètres à parcourir, c'est le fait d'un maladroit.

Mais il n'échappera à personne que, suivant qu'une même arme sera tenue de telle ou de telle façon, la pointe pourra être portée plus ou moins en avant. C'est donc non pas dans la « longueur » en elle-même que réside l'avantage, mais bien dans *la longueur utilisée.*

Utiliser la longueur de l'arme au degré maximum se pose donc comme deuxième condition initiale à réaliser à côté de la précédente « avoir sa pointe en ligne ». Et dans l'escrime à la baïonnette, tout est à rapporter à ces deux principes.

EN GARDE ! (En partant de l'arme au pied, de l'arme à la main ou de toute autre position)

a) La pointe est portée en avant vivement et à fond *(barrage)* par un mouvement de complète extension du bras combiné avec torsion du poignèt. En même temps la main gauche est amenée prête à se placer.

b) La vitesse acquise porte l'arme un peu plus en avant et *simultanément*, les deux mains se placent l'arme tenue en garde.

II. — Placement de l'arme par rapport au corps du combattant qui en est muni (En garde).

a) *Pointe en ligne*. — Le Règlement ordonne une arme « horizontale » et à hauteur de la hanche.

La baïonnette est maintenue de la sorte par la main gauche (1), qui, il est facile de s'en rendre compte en ouvrant les doigts, agit au centre de gravité même, et par la main droite qui serre l'arme à la poignée, *la crosse venant « buter » sous l'avant-bras droit.* Dans cette position, l'arme peut être abandonnée de l'une ou de l'autre main *sans cesser aucunement d'être en ligne.* Alterner le lâcher d'une main et la reprise de l'autre, en augmentant progressivement la vitesse des mouvements et en réduisant à presque zéro les oscillations de l'arme, est un excellent exercice d'assouplissement des mains et des poignets. C'est le « butage » de la crosse sous l'avant-bras droit qui arrête la pointe et toute l'arme en place, c'est-à-dire « en ligne » dans le minimum de temps et avec le maximum de précision. Si ce « butage » manque, c'est de la rapidité et de la précision qui manquent.

D'autre part, pour que le coup soit porté la « pointe en ligne », il faut *de toute nécessité* que l'avant-bras droit, organe par lequel s'exerce surtout l'effort de poussée de la pointe en avant, ait lui-même son axe se confondant très sensiblement avec l'axe de l'arme, de telle manière que l'on puisse considérer l'axe de l'arme comme s'étendant en ligne *rigoureusement droite de la pointe de l'arme au coude de l'homme.*

Pour preuve, supposons un homme dont la ligne d'aplomb (colonne vertébrale) est FG, l'articulation de l'épaule est A, celle du coude B et le poing C. L'articulation B étant supposée pivot fixe, il est de toute évidence que le placement du poing C sur la ligne droite joignant le coude B à l'endroit D où l'effort de poussée doit s'exercer aura pour résultat l'effet d'intensité maximum en D. Tous autres « points de départ », C^1, C^2, C^3 donnent intensité moindre. Et ce qui est vrai avec le poing nu l'est également quand ce poing est prolongé par une pointe faisant corps avec

---

(1) A pleine main, le pouce en travers du canon.

lui, comme la baïonnette doit faire corps avec la main du combattant.

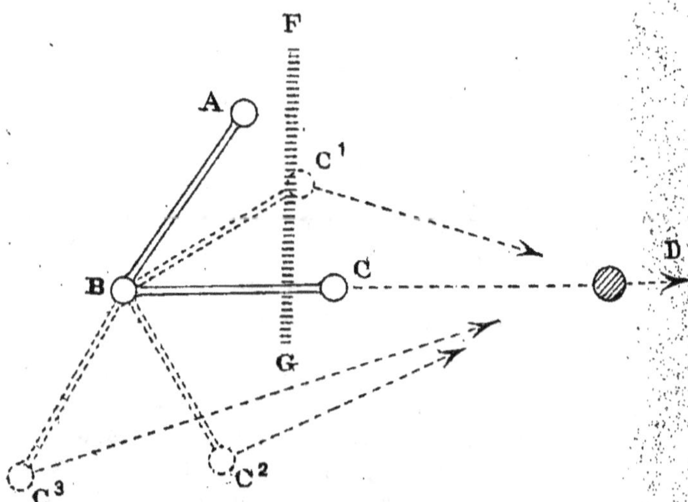

Fɪɢ. 3.

Quant au degré d'écartement du corps convenable pour le coude, le raisonnement nous convainct facilement que, plus le coude est écarté du corps, plus grande est la fatigue du maintien de la position de pointe en ligne. Or, la fatigue prive le combattant de tout ou partie de ses moyens, le mettant à la merci de son adversaire. Le bras doit donc tomber naturellement sans « engoncement ». En étudiant la deuxième condition, « pointe avancée », nous constatons du reste que le Règlement ordonne qu'il en soit ainsi.

b) *Pointe avancée.* — Si, revenant à l'homme au coup de poing armé dont il vient d'être question, nous supposons d'une part le coude retiré en arrière jusqu'en B de la figure 4; d'autre part, porté en avant jusqu'en b de la figure 5, et que nous nous demandions par laquelle de ces deux positions l'adversaire est le plus mis en danger sur la même ligne E D ou e d, nous dirons de suite que le poing armé de la figure 5 *menace* et que celui de la figure 4 *ne menace pas.*

En supposant le combattant de la figure 4 armé du fusil à baïonnette modèle 86 et celui de la figure 5 armé du mousqueton à baïonnette d'artillerie modèle 92, c'est le combattant armé du mousqueton qui a l'avantage de la longueur d'arme !

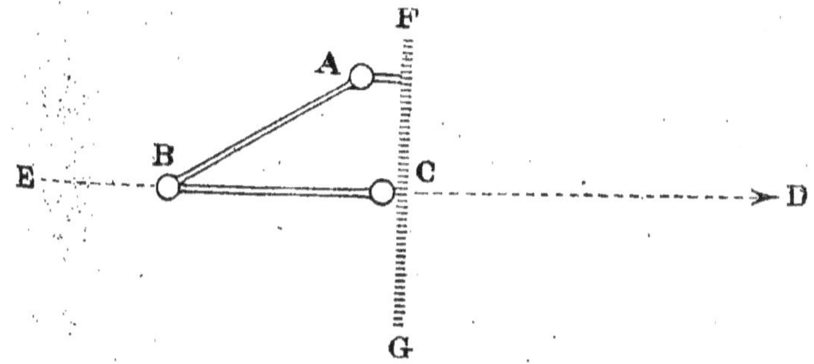

Fig. 4.

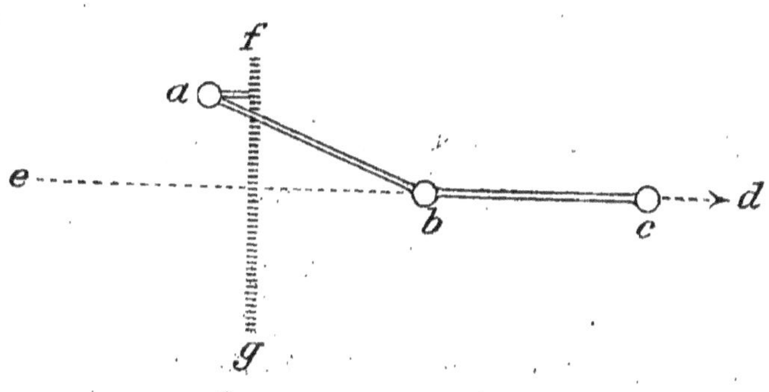

Fig. 5.

Cela, c'est l'avers de la médaille. Le revers, c'est que la position de la figure 5 est *très fatigante à conserver*.

Le Règlement nous prescrit donc une position intermédiaire entre ces deux extrêmes, « l'avant-bras contre la cartouchière », ce qui revient à dire le coude *légèrement en avant de l'aplomb de l'épaule*. La pointe est ainsi « avancée » et la position de garde peut être conservée sans fatigue (fig. 6).

Si le bras entièrement allongé se trouve à angle droit avec l'axe de l'arme toujours maintenue horizontalement, le centre de gravité de l'arme se trouve à un « point mort » qu'il quitte très péniblement. De ce point de départ, il est impossible de réaliser la rapidité du coup de pointe. Un mouvement « pendulaire » permet seul de franchir ce point avec facilité.

Le ploiement du coude au degré donnant *l'arme sur le prolongement exact de l'avant-bras*, fait disparaître totalement le « point mort ».

Les degrés intermédiaires conservent du « point mort » en proportion correspondant à l'ouverture de l'angle. Il est du reste aisé de constater que, toutes les fois que l'avant-bras n'est pas sur l'axe de l'arme, l'homme sent, pour franchir le point mort, la nécessité de l'oscillation pendulaire préalable. *Il retire le coude en arrière pour porter le coup !*

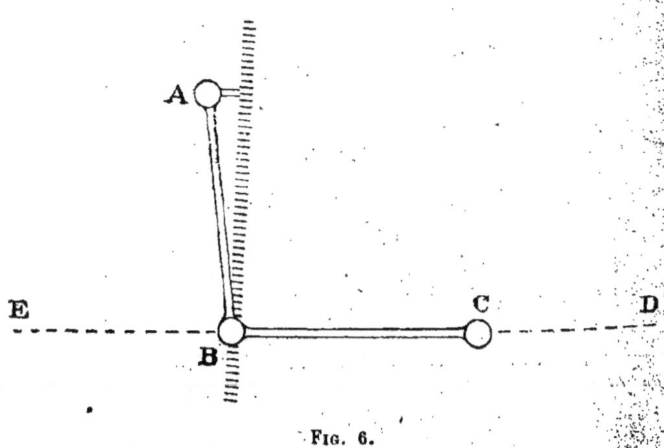

Fig. 6.

Tel est donc ce « point de départ » qui nous donne le maximum de chances de détruire notre adversaire, et nous fait par conséquent courir le minimum de risques d'être détruits par lui. Nous avons à ne jamais perdre de vue que, du fait de l'amoindrissement de la force de pénétration — conséquence d'un mauvais point de départ, — le coup peut se trouver arrêté par le moindre obstacle, courroie, bouton, double épaisseur de drap, etc., et que *cet arrêt peut se payer de notre vie.*

III. — Porter le coup.

La pointe étant « en ligne » et « avancée », une détente extrêmement énergique et rapide des bras, particulièrement du bras droit, porte la pointe *exactement à son adresse.*

Comme le combattant à la baïonnette *ne doit jamais*

POINTEZ ! (Deux degrés)

a) bras gauche tendu *à fond*; épaule gauche avancée *à fond*; coude droit abattu; arme *d'aplomb*; aucun déplacement des mains sur l'arme.

b) La main gauche laisse coulisser l'arme jusqu'à rejoindre la main droite. C'est un demi « lancer ».

Le « lancer » s'exécute bras droit tendu à fond, épaule avancée à fond.

gaspiller son effort, comme il doit savoir qu'il suffit, pour détruire son adversaire, de lui porter 10 ou 15 centimètres de sa pointe dans les œuvres vives (ventre, poitrine), comme il doit savoir qu'un adversaire détruit, il lui faut immédiatement passer au suivant *sans perdre même un dixième de seconde*, — car c'est sur dixièmes de seconde que se joue sa propre vie, — les moyens lui sont donnés de jouer serré, de *graduer son effort*. Trois degrés de « détente » sont donc prévus ainsi qu'il suit :

Premier degré. — Le bras *gauche* est tendu, l'épaule avancée, le droit demi-tendu *coude abattu*, la main gauche reste à sa place toujours tenant l'arme à pleine main. Courte portée; maximum de précision; coup très difficile à parer.

Deuxième degré. — Le bras *droit* est plus tendu, l'épaule droite plus avancée; la main gauche laissant coulisser l'arme est venue se joindre à la main droite. Portée augmentée de quelque 25 à 30 centimètres; précision un peu moindre; parade moins difficile à exécuter.

Troisième degré. — Bras *droit* tendu *à fond*, épaule avancée *à fond*; arme lancée, le bras gauche l'abandonnant totalement. C'est la portée extrême, la précision est très sensiblement moindre; la parade est moins difficile encore à exécuter.

Dans le choix à faire du degré convenable, c'est le sens de la « mesure » (n° 123) qui guide l'homme. Or, ce sens ne se développe point « en écoutant chanter le rossignol » ou en abreuvant l'homme de paroles oiseuses. Il faut, pour le faire naître et le développer, des exercices appropriés. Un des meilleurs — sinon le meilleur — de ces exercices est celui connu, en escrime, sous le vocable « faire le mur ». « Faire le mur » est chose très simple avec les fusils à système pour escrime : les boutons étant garnis d'un tampon d'étoffe, des objectifs de quelques centimètres de diamètre sont tracés à la craie, sur un mur, une porte, un arbre. L'homme, *placé par l'instructeur* à un certain endroit, et non prévenu, porte son coup, *comme il l'entend*. L'instructeur lui fait chaque fois constater soit l'exactitude d'appréciation, soit l'erreur en trop ou trop peu.

C'est à « faire le mur » (genre de tir à la cible) que se développe réellement l'habileté du combattant. C'est là qu'il apprend à se détendre avec une foudroyante rapidité et à porter son coup avec précision.

Pour « se détendre » avec la rapidité foudroyante

qui est nécessaire, il faut d'abord accumuler de l'énergie et de l'ardeur contenues à un maximum de pression, puis, sur un signal (coup de sifflet par exemple) extrêmement bref, faire donner en masse, à la seconde même, toutes ces forces contenues physiques et morales, exactement dans le sens voulu. Celui-là qui n'est pas entraîné à accumuler toutes les forces de son être pour les faire agir « en explosion » sur un signal venu de l'extérieur, celui-là ne sera jamais qu'une non-valeur.

Pour « porter le coup » avec précision, il faut lier l'action du regard avec l'action de la pointe de telle manière que, automatiquement, le coup aille droit au point précis sur lequel se porte le regard, *sans pouvoir aller ailleurs.*

IV. — Fente.

A l'un comme à l'autre des trois degrés de portée, de « mesure », peut s'adjoindre l'action des jambes par la « fente » (n° 123, 8e alinéa).

Le mécanisme de la « fente » n'est pas indiqué dans le Règlement de manœuvre. On le trouve dans le Règlement d'éducation physique.

La « fente » comporte :

a) Appui pris sur le sol, en « bêche » par le pied droit;

b) Raidissement instantané et d'une extrême énergie de la jambe droite projetant le corps en avant;

c) Glissement rapide, très près du sol, du pied gauche qui se porte, suivant le terrain, à quelque 20, 30 ou même 40 centimètres en avant (deux longueurs de pied *au plus*).

Le tout exécuté à la fois, instantanément.

La « fente » porte donc la pointe à quelque 20, 30 ou 40 centimètres plus en avant. *Une fente exagérée peut se payer de la vie, surtout si le terrain est glissant.*

V. — Retour en garde.

Le coup étant porté, *à fond à chaque degré,* le combattant *revient au point de départ* défini plus haut, soit pour renouveler une attaque infructueuse, soit pour s'attaquer à un nouvel adversaire. Ce *retour au point de départ du coup* est une des grosses difficultés que rencontre l'instructeur d'escrime. Tous les hommes arrivent en très peu de temps à prendre assez convenablement la position de départ du premier coup, la position de « en garde », ainsi qu'à porter le premier coup. Quant à revenir — ce coup porté — avec rapidité et précision à la position initiale, c'est tout autre chose.

Dès que ce cap difficile du passage du premier coup au deuxième a été heureusement franchi, des « séries » peuvent être exécutées aux fins de l'entraînement progressif à soutenir l'effort. Exécuter des séries sans qu'ait été vaincue la difficulté en question, c'est faire régner l'incohérence là où doit régner la précision.

Que ce soit pour « mise en garde première » ou pour « retour en garde » consécutif à un coup porté, la position de garde doit être prise avec la plus extrême rapidité. *La vie du combattant dépend du gain d'un dixième de seconde.* Pour rendre cette vérité évidente aux yeux des hommes, il suffit de placer en face l'un de l'autre, à distance convenable pour éviter les risques d'accident, deux combattants qui se trouvent exactement dans la même situation. A un coup de sifflet bref, ils tombent en garde l'un contre l'autre. Celui qui le premier est en garde, la pointe en ligne et avancée, *est sûrement le vainqueur.*

Tout instructeur qui enseigne la mise en garde avec cérémonial de présentation de l'arme est ouvrier de morts et de déroutes.

Le point de départ étant supposé la crosse reposant à terre au voisinage du pied, porter la pointe « en ligne » et « avancée » *sans l'élever inutilement* est chose de première importance.

La baïonnette étant sensiblement verticale en A B, il faut lui faire prendre la position sensiblement horizontale A' B', en évitant de faire parcourir à la pointe le trajet représenté dans la figure ci-contre par la ligne pointillée supérieure. Cela s'obtient par un très énergique mouvement de torsion du poignet droit exercé vers le point C, voisinage du centre de gravité (grenadière). La pointe *abattue, en même temps que portée en avant, parcourt le trajet minimum représenté par la ligne pointillée inférieure* (fig. 7).

Dans le corps à corps, ne l'oublions pas, le « rendement » du combattant à la baïonnette est ou formidable ou nul suivant son degré d'instruction et d'entraînement.

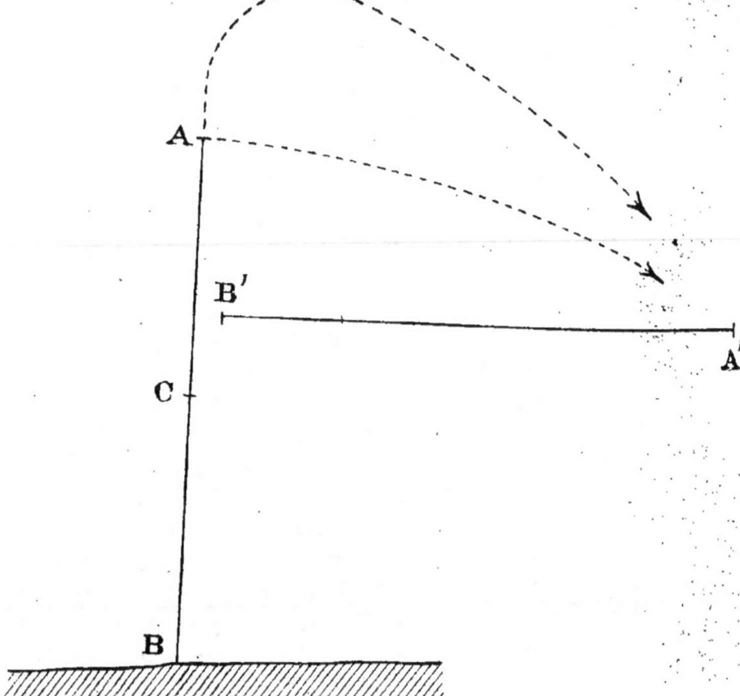

Fig. 7.

VI. — Battement.

Le « battement », acte essentiel du combat à la baïonnette, consiste en un choc d'une violence irrésistible qui vient *à l'improviste* brutalement expulser l'arme menaçante de l'adversaire.

Ce choc, aussi violent qu'imprévu, doit être produit par un mouvement *à peine visible*. Le souci de rester en ligne doit en restreindre l'amplitude à l'extrême limite de la possibilité (1).

---

(1) *Arme horizontale* contre *pointe haute* exécute le « battez » *en restant en ligne*. Avantage à saisir pour attaquer à fond !

Arme horizontale contre autre arme horizontale doit, par l'exécution du « battez », élever la pointe, soit *cesser d'être en ligne*. Moment critique !

Un battement *accompagnant* l'arme expulsée de l'adversaire reste sans effet. Un « battement » n'a de valeur que s'il se traduit par « ôte-toi de là que j'y reste seul maître ! » Et la maîtrise se manifeste par le coup droit de foudroyante rapidité qui instantanément succède au battement.

VII. — Parades.

Les « parades » sont prévues dans le Règlement. Elles doivent être enseignées aux hommes. Mais chacun doit savoir qu'il n'est pas de parade à opposer à l'attaque pointe bien en ligne, déclanchée de près avec rapidité foudroyante par un combattant entraîné et ardent. Le poids de l'arme et la vitesse de propulsion s'y opposent. La parade n'est vraiment possible que si l'on se trouve en présence d'un adversaire ayant la pointe haute, *l'arme non en ligne*. Et dans ce cas, la partie est gagnée d'avance.

En règle, être d'une extrême prudence, jouer extrêmement serré quand on se trouve en présence d'une pointe « *bien en ligne* » et « *bien avancée* » : l'adversaire EST DANGEREUX. Dans tous les autres cas, à fond tout de suite, l'adversaire ne vaut rien, ne vaut pas que l'on compte avec lui !

VIII. — Instruction.

L' « instruction » et l' « entraînement » sont régis par les nécessités qui viennent d'être exposées. Tout doit tendre vers toujours plus d' « énergie », toujours plus de « rapidité », toujours plus de « précision ». Les exercices *dans le vide* sont à éviter parce que démoralisants. Dès les premières séances, pour la mise en garde, un adversaire est à désigner à l'homme, *à choisir par l'homme quand on ne le lui a point désigné*. Il est procédé de la même manière pour « pointer ». L'homme peut ainsi s'assurer de la direction dans laquelle sa détente de bras a porté son arme, s'il a ou non obtenu ce qu'il se proposait d'obtenir. Obliger l'homme à rester une seconde ou deux sur la détente des épaules et des bras du « pointez » est très utile pour obtenir que les coups soient portés à fond et avec précision.

Les exercices « dans le vide » que je signale ainsi à éviter sont ceux dans lesquels aucun objectif n'est proposé à l'homme. Par « objectif », j'entends toute « cible » proposée à ses coups, même sans qu'il ait aucune possibilité de l'atteindre : un arbre, l'instructeur, un camarade. Le combattant à la baïonnette s'entraîne ainsi sur un objectif qu'il ne peut atteindre, absolument comme, sans cartouche, le tireur s'entraîne, sur un objectif, à épauler, à viser, à faire partir le coup. Dans la suite, l'homme tire *à toucher* soit sur un mannequin avec son fusil soit « au mur » avec un fusil d'escrime.

Afin de pouvoir à tout instant « y aller à fond », sans contrainte, il est de toute nécessité que les hommes *soient largement espacés*. Quatre pas ne suffisent pas. Il en faut le double.

En forgeant, et seulement en forgeant, on devient forgeron. En répétant des centaines et des milliers de fois le même geste de « combattant », on devient un « combattant » au sens exact du mot. L'entraînement à « porter le coup » notamment, doit tendre *à lier l'arme au regard* de telle manière que tout objectif *regardé* soit un objectif *touché*.

L'enseignement, de par sa nature, de par le résultat cherché qui est le développement au degré maximum des facultés de chacun, est *essentiellement individuel*. Toute recherche d'ensemble est, par définition, *rigoureusement proscrite*. Les mouvements de l'escrime sont absolument différents des « mouvements cadencés » dans lesquels le résultat recherché par l'instructeur est la cadence uniforme qui donne *l'ensemble*.

Certains mouvements, à divers titres, méritent d'être examinés quelque peu plus en détail. Tels sont :

a) Porter le coup sur un objectif et revenir en garde dans une autre direction. Cet exercice, d'une extrême utilité, vise à mettre l'homme en état de se débarrasser d'un adversaire par un coup droit (pointez ou lancez) et *d'être prêt*, dans le minimum de temps, à agir contre le suivant *de quelque côté qu'il se présente.*

De la position du coup porté, le bras allongé, l'homme doit revenir *d'un seul coup* en garde contre un autre objectif à lui désigné ou choisi par lui, les jambes se mouvant *en parfaite harmonie avec les bras.*

b) Porter le coup en se fendant. Les difficultés à surmonter pour « pointer » ou pour « lancer » en se fendant *sont très grandes.* Elles ne peuvent être vaincues qu'à la condition d'être abordées *séparément.* Pendant *des semaines,* au besoin, l'homme sera *exercé* et entraîné, d'une part, à porter le coup par la seule détente des bras, sans que les jambes interviennent; et, d'autre part, à exécuter la détente de la jambe droite et le glissement du pied gauche sans que les bras agissent.

Quand la « précision » et l' « énergie » de ces mouvements *séparés* seront devenues suffisantes, mais alors seulement, il sera temps de songer à les coordonner en vue d'obtenir la parfaite simultanéité des deux détentes.

c) Battre, opposer, parer et riposter. Ces mouvements ne peuvent être exécutés qu'en présence de l'adversaire, *les armes engagées.* Commander des « battez », « dégagez », « parez » à toute une classe *est un lamentable non-sens.* Ces mouvements ne peuvent être exécutés qu'*individuellement*, l'instructeur les enseignant *à l'homme avec lequel il engage le fer*, expliquant à cet homme leur mécanisme et leur utilité, l'amenant degré par degré à saisir l'instant favorable à une « opposition », à un « dégagement », à un « battement », etc., etc.

La « riposte » doit suivre toute « parade » *immédiatement, avec rapidité foudroyante.* C'est là une règle essentielle.

Pour résumer, tous les exercices d'escrime doivent consister en des mouvements *à fond*, sans rien de commun avec ceux d'un ballet bien réglé.

Nous disposons du reste d'un critérium infaillible de la qualité de notre enseignement : si une leçon d'escrime de quelque vingt minutes a été ce qu'elle *doit* être, nos hommes, rompant les rangs pour le repos, ont pour premier geste *un geste d'agression.*

Aucun exercice ne vaut l'escrime à la baïonnette pour développer l'énergie, le mordant, l'esprit d'offensive.

Tout « assaut » doit être à la fois extrêmement court et mené avec une extrême énergie.

Paris et Limoges. — Imprimerie et librairie militaires CHARLES-LAVAUZELLE.

Imprimerie Militaire
Henri CHARLES-LAVAUZELLE
PARIS et LIMOGES.